Josef Wzatek

Der Patientenverfügungs-Experte

Cartoon A. Szadkowska

Josef Wzatek

Der Patientenverfügungs-Experte

Fragen und Antworten

Patientenverfügungs-Experte - Fragen und Antworten -
1. Auflage Mai 2007

herausgegeben von der Firma Pharmacon
ISBN 10: 3-929359-12-X
ISBN 13: 978-3-929359-12-1

Weitere Expertenbücher derselben Reihe:
Der Blutfett-Experte
Der Osteoporose-Experte
Der Krebs-Experte
Der Labor-Experte

Design und Print: Druckerei Mergard, Lauterbach
www.druckerei-mergard.de

Inhaltsverzeichnis

Inhaltsverzeichnis

Vorwort

Die Zeit des Sterbens und des Todes sind diejenigen Zeiten im Leben, die uns am meisten verunsichern und ängstigen. Nicht umsonst spricht man von Todesangst.

„Machen", „selbst bestimmen", „Unabhängigkeit genießen", „Kontrolle haben"... Das sind die Begriffe, die unsere Zeit charakterisieren.

Das Sterben wird mehr befürchtet als der Tod.

Das Sterben ist komplizierter geworden. Es gilt daher, für diese Zeit Vorsorge zu treffen, die unsere Angelegenheiten regelt, unsere Würde schützt und unsere Angehörigen unterstützt und entlastet.

Josef Wzatek

Sie möchten
einen Termin
ausmachen?
as.

Kapitel I

Die Einführung

„Totsein" (aramäisch) – „nicht genau hier, sondern anderswo sein."

Einführung

1a Warum ist es sinnvoll eine Patientenverfügung zu erstellen?

1. Ich kann damit über mich selbst bestimmen.

2. Ich denke nicht nur an heute, sondern auch an morgen.

3. Warum sollen andere Menschen meine Zukunft bestimmen? Ich kann sie nicht voraussehen, aber ich kann sie beeinflussen.

4. Ich möchte meiner Familie, den Ärzten und den Pflegenden meine verbindliche Entscheidung darlegen.

5. Dadurch kann ich meiner Familie die Last der Entscheidung ersparen.

6. Um eine Patientenverfügung zu verfassen, muss ich mich mit meinem Lebensbild befassen.

7. Die Verfassung der Patientenverfügung beruhigt mich. Ich habe meine Zukunft damit nach meinen Wünschen bestimmt!

1b Was ist eine Patientenverfügung?

Die Patientenverfügung ist eine vorsorgliche Festlegung.
Sie ist rechtlich verbindlich.

Festgelegt werden:

- Untersuchungs- und Behandlungsmethoden,
- ärztliche und pflegerische Maßnahmen,

für den Fall, dass **eine Einwilligungsunfähigkeit** eintritt.

Sie kann von jeder zurechnungsfähigen Rechtsperson verfasst werden.

Diese Verfügung gilt so lange, bis der Verfasser seine Verfügung selbst ändert oder zurücknimmt.

1c Für wen verfasse ich meine Patientenverfügung?

Die Adressaten meiner Patientenverfügung sind mehrere Personen und Institutionen:

- zuerst der behandelnde und für mich zuständige Arzt,
- sowie alle anderen an der Behandlung teilnehmenden Ärzte,
- die unmittelbar tätigen Pflegekräfte,
- der Bevollmächtigte,
- die Familienangehörigen,
- der Staat, im besonderen die Justiz.

Es ist sehr wichtig, dass die nahestehenden Familienangehörigen und Freunde über den Inhalt der Patientenverfügung sowie den bestellten Bevollmächtigten rechtzeitig informiert werden. Der Bevollmächtigte erhält dadurch eine zusätzliche „Rückendeckung" gegenüber der Familie.

Hinweis:
Ein Gericht bestimmt nur dann einen Betreuer, wenn keine Patientenverfügung vorliegt oder kein Bevollmächtigter benannt wurde.

1d Tod in der „modernen" Gesellschaft

Im Mittelalter war der Tod ein Alltagsthema. Ein guter und würdiger Tod war die Krönung des ganzen Lebens. Alte Lieder und Geschichten bezeugen das.

Der „moderne" Mensch fürchtet und meidet oft das Thema. Darüber spricht man nicht. Sogar nicht unter den Lebenspartnern. Die Krankheit und der Tod werden so lange verdrängt, bis sie uns mit voller Wucht treffen!

Einführung

1e Der Fall Terri Schiavo

Diese Amerikanerin befand sich 15 Jahre im Zustand des Koma. Sie wurde ausschließlich künstlich ernährt. Eine Verständigung mit ihr war nicht möglich. Eine schriftliche Patientenverfügung hinterließ sie nicht. Ihr Ehemann konnte die Gerichte überzeugen, dass seine Frau in den gesunden Tagen stets gegen Apparatemedizin und gegen eine künstliche Ernährung war. Nachdem die Ernährungs- und die Flüssigkeitszufuhr eingestellt wurden, durfte sie am 31.3.2005 sterben.
Ihr Tod wurde zum Medienspektakel. Die Familie der Kranken zerbrach, da die Vorstellungen über die richtige Handlung zu unterschiedlich waren.

Aus diesem Schicksal können wir lernen: in den gesunden Zeiten sollten wir eine verbindliche Entscheidung treffen - die Patientenverfügung.

Kapitel II

Die Vorsorgevollmacht

Es kommt gar nicht darauf an,
die Zukunft vorherzusagen,
sondern es genügt,
auf die Zukunft vorbereitet zu sein.

Perikles, Griechenland, 495 - 429 v. Chr.

Vorsorgevollmacht

2a Definition

In der Vorsorgevollmacht benennt der Verfasser der Patientenverfügung – der Vollmachtgeber – verbindlich seinen Vertreter: den Bevollmächtigten.

Zwei wichtige Einschränkungen sind zu betonen:
1. wie der Name schon sagt, erfolgt die Bennennung „vorsorglich"; das meint nur den Bedarfsfall. Die Juristen nennen das „aufschiebend bedingt".
2. Die Vollmacht wird erst ab einem bestimmten Zeitpunkt wirksam, nämlich dann, wenn die Entscheidungsunfähigkeit des Vollmachtgebers eintritt. Das bedeutet, dass der Bevollmächtigte überhaupt nichts unternehmen kann, solange der Vollmachtgeber entscheidungsfähig ist.

Die Bennennung des Bevollmächtigten erfolgt formlos und muss nicht beglaubigt werden. Sie muss aber schriftlich sein, um den Bevollmächtigten einen sichtbaren Nachweis in die Hand zu geben.

2b Ist eine vorübergehende Patientenvertretung möglich?

Nicht jede schwere Krankheit führt zum Tode. Im Gegenteil - die moderne Medizin kann große Erfolge vorweisen. Viele „Totgeglaubte" leben noch viele gute Jahre. Die Vollmacht des Bevollmächtigten gilt nur für die Zeit der Entscheidungsunfähigkeit des Vollmachtsgebers. Sie ist deshalb zeitlich begrenzt.

Zur eigenen Absicherung kann in die Patientenverfügung eine Bestimmung aufgenommen werden, dass nachdem ein Facharzt die Entscheidungsfähigkeit wieder bestätigt hat, die Vertretungsvollmacht des Bevollmächtigten endet.

Merke:
Die Vorsorgevollmacht muss nicht beglaubigt werden. Falls gewünscht, darf das jeder Amtsträger tun: der Notar, der Bürgermeister, der Hausarzt und sogar der Pfarrer.

2c Die Widerrufung der Vorsorgevollmacht

Bedenken Sie, dass die Benennung des Bevollmächtigten zwar ein Ausdruck des großen Vertrauens ist; aber diese Aufgabe kann auch eine Last sein. Er oder Sie muss vielleicht wichtige und schwierige Entscheidungen treffen, die die Psyche belasten und womöglich zeitweise sogar überfordern. Die Zeit der Ausübung der Vertretung ist keine ruhige Zeit - Fahrten in das Krankenhaus oder in das Heim, Kontakte mit den Ärzten und dem Pflegepersonal, Telefonbereitschaft u.s.w.

Es ist ratsam, Bevollmächtigte zu benennen, die einer solchen Zeit gewachsen sind. Ein von Ihnen ernannter Bevollmächtigter sollte nicht nur Ihr absolutes Vertrauen besitzen, sondern auch belastbar sein.

Es ist außerordentlich wichtig, dass Sie und der Bevollmächtigte wissen, dass der Bevollmächtigte jederzeit das Recht hat, auf seine Vollmacht zu verzichten und sie abgeben kann. Er muss dafür keinerlei Begründung liefern! Es ist sehr hilfreich für den Bevollmächtigten, wenn Sie ihn von Anfang an auf diese Möglichkeit ausdrücklich hinweisen.

Auch eine umgekehrte Situation ist denkbar, und es kommt vor, dass der Vollmachtgeber seine Vollmacht zurücknimmt, sie widerruft. Das kann der Fall sein, wenn sich das Verhältnis zum Bevollmächtigten geändert hat oder er den Eindruck hat, dass eine korrekte Vertretung fraglich erscheint (z.B. Alkoholprobleme des Bevollmächtigten). Anschließend sollte der Vollmachtgeber einen neuen Bevollmächtigten benennen.

2d Wer kann Bevollmächtigter werden?

Der Bevollmächtigte ist die Person, die über mich in der wohl schwierigsten Phase meines Lebens entscheiden wird!

Wenn man über diese Frage nachdenkt, wird man oft überrascht sein, wie wenige Personen in Frage kommen. Und dabei muss das keineswegs ein Familienmitglied sein. Die Befugnisse des Bevollmächtigten gehen über die Bestimmungen der Patientenverfügung hinaus, da bei einer Patientenverfügung nie alle Situationen, die um die Krankheit herum passieren, vorausgesehen und durchdacht werden können.

Bei der Wahl des Bevollmächtigten müssen folgende Personeneigenschaften zutreffen:

- großes Vertrauen, am besten aufgrund langjähriger persönlichen Kontakte,
- ähnliche Lebensanschauung, insbesondere bezüglich der Grundwerte,
- persönliche Zuneigung verbunden mit Hilfsbereitschaft,
- Loyalität Ihnen gegenüber,
- Durchsetzungsvermögen und sicheres Auftreten, um sich nötigerweise gegenüber Ärzten oder Institutionen durchsetzen zu können.

Man sollte auch die Konfession oder die Religionszugehörigkeit nicht außer Acht lassen. Die grundlegenden Probleme des Weiterlebens und des Sterbens haben für die meisten von uns auch eine religiöse Dimension.

2e Ist die PV für den Arzt bindend?

Eine wirksame und eindeutig formulierte Patientenverfügung ist für den behandelnden Arzt bindend. Das hat die Bundesärztekammer im Mai 2004 in den Grundsätzen zur ärztlichen Sterbebegleitung erneut bekräftigt.

Die Aufgabe des Bevollmächtigten ist zu überwachen, ob die Bestimmungen der Patientenverfügung eingehalten werden. Würden die Ärzte oder das Pflegepersonal gegen diese verstoßen und auf Hinweise des Bevollmächtigten nicht reagieren, muss dieser das Vormundschaftsgericht einschalten.
Die Ärzte können sich dabei nicht auf die ärztliche Behandlungspflicht berufen, da sie berufsrechtlich an den Inhalt der Patientenverfügung gebunden sind.

Tritt eine Situation ein, die nicht in der Patientenverfügung deutlich geregelt wurde, dann entscheidet der Bevollmächtigte. Fühlt er sich bei einer notwendigen und besonders wichtigen Entscheidung überfordert, darf er jederzeit das Vormundschaftsgericht um Hilfestellung bitten. Das Gericht kann ihm dann einen Kontrollbetreuer zur Seite stellen. Damit kann er sich auch gegen mögliche spätere Vorwürfe der Familie sichern.

Eine besondere Konfliktsituation für alle Beteiligten stellt der Behandlungsabbruch dar. Deswegen ist es sehr ratsam, den Bevollmächtigten in der Patientenverfügung ausdrücklich dazu

2f Vorbereitung des Bevollmächtigten

Mit dem Verfassen der Patientenverfügung ist die Arbeit noch nicht getan. Der ernannte Bevollmächtigte muss nicht nur über die Wahl informiert werden, sondern auch gebeten werden, diese Funktion zu übernehmen.

Danach soll der Bevollmächtigte über die Bestimmungen der Patientenverfügung genauestens informiert werden; ein Exemplar muss ihm ausgehändigt werden.
Genauso wichtig sind die persönlichen Gespräche mit ihm über die Wertvorstellungen und die Weltanschauungen des Vollmachtgebers. Je besser unser Vertreter über uns Bescheid weiß, desto besser kann er uns vertreten.
Ein ausgiebiger Spaziergang, ein gemeinsames Essen in ruhiger Atmosphäre sind für solche Gespräche geeignet.

Merke:
Der Bevollmächtigte muss sorgsam auf die Aufgabe vorbereitet werden. Dabei sollte im persönlichen Gespräch der Text der

2g Wie viele Bevollmächtigte braucht man?

Stellen sie sich vor, dass Sie schwer erkrankt sind und der Bevollmächtigte aktiv werden muss. Er befindet sich aber weiter weg im Ausland. Wird er von dort seiner Aufgabe nachkommen können?

Eine andere Möglichkeit:
Sie haben zwei Kinder. Die geliebte Tochter ist aber etwas schüchtern und psychisch nicht stabil. Wird sie sich z.B. gegenüber den Ärzten durchsetzen können? Wird die Vertretung für sie nicht eine zu große emotionale Belastung bedeuten?

Derjenige, der sich in der komfortablen Situation befindet, zwei Vertreter benennen zu können, sollte diese Möglichkeit nutzen.

Dabei sollte man deutlich festlegen, ob die beiden Bevollmächtigten einzeln oder nur zu zweit entscheiden können. Einzeln dann, wenn z.B. der Zweite nicht erreichbar ist.
Wenn beide nur zu zweit entscheiden können, werden spätere Streitigkeiten vermieden.
Auch für den Fall, dass ein Bevollmächtigter sein Amt niederlegt, bleibt die Vorsorgevertretung des anderen aber erhalten.

2h Kann der Bevollmächtigte die PV verändern?

In der Praxis kann es vorkommen, dass der Bevollmächtigte in der eingetretenen Situation aus Mitleid oder sogar auf Druck der Familie die klar formulierten Bestimmungen der Patientenverfügung zu korrigieren versucht. Dabei könnte er sich auf den mutmaßlichen Willen des Vollmachtgebers berufen. Das ist ausdrücklich nicht erlaubt, weil so jede Patientenverfügung verändert werden könnte und die Wünsche und Bestimmungen des Verfassers ausgehöhlt würden.

Merke:
Die klaren Bestimmungen der Patientenverfügung sind für den Bevollmächtigten rechtlich bindend und dürfen von ihm nachträglich nicht verändert werden!

Kapitel III

Die Organspende

Ein schönes Sterben ehrt das ganze Leben.

Toskanisches Sprichwort

3a Einführung

Die meisten Menschen sagen spontan „ja" zur Organspende. Das ist meistens eine emotionale und nicht eine rationale Entscheidung. Trotzdem muss sie gut überlegt werden. Wenn Ihnen der Gedanke an eine Organspende nicht behagt, schreiben sie ruhig „nein". Die Patientenverfügung soll Ihre wahren Wünsche und Überzeugungen ausdrücken und nicht, was andere von Ihnen erwarten.

Bevor Sie Ihre Entscheidung zur Organspende treffen, lesen Sie erst die folgenden Seiten.

3b Die Organspende

Unter Organspende verstehen wir das Spenden von Organen und Gewebe. Organe sind komplette und selbstständige Teile des Körpers; das Gewebe ist nur ein Teil eines Organs.

Folgende Organe können z. Zt. verpflanzt
(d.h. transplantiert) werden:
Herz, Lunge, Leber, Bauchspeicheldrüse, Nieren.

Zum Spendergewebe gehören:
Hornhaut, Haut, Knochen, Knochenmark.

Organspende

Es gibt zwei Möglichkeiten der Organspende:

- die sog. Lebendspende, wenn eine gesunde Person ein Organ (z.B. eine Niere) oder Gewebe (z.B. das Knochenmark) spendet,
- Organspende vom hirntoten Menschen.

Das ist das Thema für die Patientenverfügung. Um eine verbindliche Stellungnahme zur Organspende treffen zu können, muss man nicht volljährig sein. Bereits eine 16-Jährige kann der Organspende verbindlich zustimmen und ein 14-Jähriger kann eine Organspende untersagen.

Wichtige Bemerkung:
Falls in der Patientenverfügung die Stellungnahme zu Organspende fehlt, bedeutet das nicht, dass der Verfasser sie ablehnt. Die Entscheidung darüber geht dann an den gesetzlichen Vertreter oder an die Angehörigen über.
Unabhängig von unserem Alter soll deswegen die Entscheidung bezüglich der Organentnahme nicht fehlen!

Merke:
Unsere Organe können bis 150 Jahre „leben". Auch ein Siebzigjähriger kann noch eine Niere spenden, die viele weitere Jahre gut funktionieren kann!

3c Was bedeutet der Begriff „Hirntod"?

Die bereits abgestorbenen Organe können einem toten Menschen nicht entnommen werden. Deswegen hat man die Bezeichnung „Hirntod" eingeführt. Als hirntot gilt ein Mensch dann, wenn seine Hirntätigkeit irreversibel ausgefallen ist (Transplantationsgesetz vom 05.1.1997). Dies muss von zwei unabhängigen Fachärzten bescheinigt werden. Beide Ärzte dürfen nicht an der möglichen Organentnahme und Organverpflanzung beteiligt sein.

Wichtige Begriffe:

Ausfall der Hirntätigkeit: Das Gehirn besteht aus 3 Teilen:

- dem Großhirn (Gefühle, Denken, der Ich-Begriff),
- dem Kleinhirn,
- und dem Hirnstamm
  (Grundfunktionen wie das Atmen oder Regulation
  der Körpertemperatur).

Alle drei Teile müssen beschädigt sein.

Irreversible = unwiderruflich.

3d Hirntod – weitere Erklärungen

Bitte beachten Sie unbedingt den Unterschied: der tote Mensch ist „wirklich" verstorben. Der Hirntote dagegen ist nur hirntot - seine sonstigen Organe funktionieren noch, sie „leben" noch. Ein solcher Mensch kann eine normale Körpertemperatur und Hautfarbe haben. Er kann sogar noch auf Schmerzreize mit Körperzucken reagieren. Deswegen benötigen solche Menschen bei Organentnahme eine ganz normale Narkose.

Man sollte versuchen sich in die Situation des Hirntoten hineinzudenken. Erst dann sollte man entscheiden, ob einer Organspende zuzustimmen ist.

Mag sein, dass die Chance, dass die Organe benötigt werden, gering ist. Trotzdem ausgeschlossen ist das nie. Deswegen sollte jeder diesbezüglich eine klare Entscheidung treffen.

Kapitel IV

Lebenserhaltende Maßnahmen

Der Mensch hat zwar ein Lebensrecht, aber nicht die Pflicht, es zu verlängern.

nach Fr. Dr. M.-M. Hahne, Richterin am Bundesgerichtshof

Lebenserhaltende Maßnahmen

4a Was versteht man unter lebenserhaltenden Maßnahmen?

Unter lebenserhaltenden Maßnahmen versteht man alle ärztlichen und pflegerischen Behandlungen, die in den kritischen Lebensphasen zur Anwendung kommen. Sie haben zum Ziel, das Leben zu erhalten und zu verlängern.

Zu den wichtigsten gehören:

- kardiopulmonale Reanimation, d.h. eine Wiederbelebungsbehandlung mit Herzmassage und künstlicher Beatmung,
- die künstliche Beatmung,
- die künstliche Wasser- und Nahrungszufuhr.

Weitere mögliche, wichtige lebenserhaltende Maßnahmen sind:

- Dialyse, d.h. Blutwäsche,
- Operationen, insbesondere Notoperationen,
- Sauerstoffgabe,
- Bluttransfusion, d.h. Zuführung von fremdem Blut,
- Gabe von lebenserhaltenden Medikamenten.

Auch bestimmte organisatorische Maßnahmen gehören dazu, wie:

- Verlegung auf die Intensivstation,
- Verlegung auf die Palliativstation,
- Entlassung nach Hause.

Da Sie sich gut informieren sollten, werden nun folgende Begriffe genau erklärt:

1. Kardiopulmonale Reanimation
2. Die künstliche Ernährung
3. PEG-Sonde
4. Die Dialyse
5. Die Sauerstoffgabe
6. Verlegung auf die Intensivstation.

4b Kardiopulmonale Reanimation

Reanimation bedeutet Wiederbelebung. „Kardio" ist der Begriff für Herz, „pulmonale" steht für Lunge, konkret für die Beatmung. Die festen Bestandteile der Reanimation sind:

- Herzdruckmassage,
- Beatmung,
- Sauerstoff- und Medikamentengabe.

Es ist selbstverständlich und wird erwartet, dass das Opfer eines Unfalls wiederbelebt wird. Auch ein Mensch nach einem Herzinfarkt wird so behandelt. Das braucht nicht in der Patientenverfügung geregelt werden.

Geregelt aber muss eine Einschränkung der Behandlung auf die und nur die Situationen, in denen Aussichten auf ein bewusstes und würdiges Leben bestehen. Die Reanimation eines schwer krebskranken Menschen entspricht nicht unbedingt seinen Interessen.

Die Ablehnung der Wiederbelebung ist nicht an das Alter zu binden. Bestehen danach Chancen auf ein gesundes Weiterleben, soll sie ausdrücklich genehmigt werden.

Wichtige Bemerkung:
Die Entscheidung für oder gegen die Wiederbelebung kann nicht an den Bevollmächtigten delegiert werden, sie muss ganz klar in der Patientenverfügung bestimmt werden. Die Reanimationsnotwendigkeit tritt plötzlich auf; Zeit, um den Bevollmächtigten zu erreichen und zu fragen, ist nicht gegeben.

4c Die künstliche Ernährung

Nicht selten ist der schwerkranke Mensch zu schwach um schlucken zu können; manchmal kann er das auch nicht mehr (z.B. nach einem Schlaganfall). Auch eine längere Bewusstlosigkeit verlangt nach künstlicher Ernährung.

Die Ernährung kann auf zwei Wegen dem Menschen verabreicht werden:

- als Infusion,
- als Magensonde.

Mit beiden Methoden kann der Mensch über Jahre am Leben erhalten werden.

Bei der Infusion wird die Ernährungsflüssigkeit über eine in die Vene eingeführte dünne Plastikkanüle dem Körper zugeführt. Der Magen und der Darm bleiben dabei untätig. Aus diesem Grund und weil die Venen sich immer wieder entzünden, bevorzugt man zur Ernährung eine Magensonde. Dabei wird ein dünner Plastikschlauch über die Nase oder den Mund bis in den Magen vorgeschoben. Soll die Ernährung längere Zeit stattfinden, entscheidet man sich für eine PEG-Sonde.

Darüber lesen Sie auf den folgenden Seiten.

4d PEG-Sonde

Normalerweise wird die Ernährungssonde durch die Nase oder den Mund eingeführt. Obwohl solche Sonden heute dünn und weich sind, werden sie trotzdem besonders in den ersten Tagen, als unangenehm und störend empfunden.
Muss die künstliche Ernährung über Wochen, Monate oder sogar Jahre erfolgen, legt der Arzt eine PEG- Ernährungssonde an.

P - perkutane (= durch die Bauchhaut)

E - endoskopische (Endoskopie bedeutet Spiegelung, sichtbar machen des Inneren).
In diesem Fall geht es hier um eine Magenspiegelung, dabei wird die Sonde durch die Bauchwand in den Magen gelegt.

G - Gastrostomie (= Verbindung von außen zu dem Magen)
Stoma heißt Verbindung

Das Legen der PEG- Sonde kann man mit der Magenspiegelung vergleichen. Da diese Eingriffe unter leichter Betäubung stattfinden und die Bauchwand zusätzlich lokal betäubt wird, ist das Ganze für den schwerkranken Menschen wenig belastend.

4e Stellungnahme zur künstlichen Ernährung

Die künstliche Ernährung, zu richtigen Zeit angewendet, hat vielen Menschen das Leben gerettet. Diese Ernährung, insbesondere durch die PEG-Sonde, ist heute unproblematisch, fast komfortabel. Sie kann sogar während des Schlafs langsam erfolgen. Da die Sonde recht klein ist, ist z.B. auch Duschen damit möglich.

Aber die Entscheidung über die künstliche Ernährung ist gut zu überlegen. Dabei heißt die Entscheidung nicht, ob diese Art der Ernährung gewählt, sondern mit welchem Ziel sie erfolgen soll. Handelt es sich um eine zeitlich begrenzte Maßnahme, z.B. um den Kranken nach einer schweren Operation „aufzupäppeln", würde wohl er selbst, oder zur Zeit seiner Entscheidungsunfähigkeit, der Bevollmächtigte nichts dagegen haben. Das Ziel der künstlichen Ernährung ist hier klar und hilft die Lebensqualität zu steigern. Ganz anders stellt sich die Situation bei einem unheilbar kranken Menschen, der sich kurz vor oder bereits im Sterbeprozess befindet. Nun muss die Frage „warum" deutlich gestellt werden. Manchmal entwickeln sich im Krankenhaus Automatismen, die für den Betroffenen gar nicht günstig sind; z.B. kann der Patient nicht essen, bekommt er schneller eine Magen- oder PEG- Sonde. Der Bevollmächtigte sollte auf diese Möglichkeiten besonders hingewiesen werden.

Merke:

Der Bevollmächtigte soll in der Patientenverfügung ausdrücklich befähig werden, die künstliche Ernährung zu beenden, wenn sie nur zur Verlängerung des Leidens ohne Aussicht auf Genesung dienen sollte.

4f Die Dialyse

Dialyse bedeutet in der Medizin Blutwäsche, also eine künstliche Reinigung des Blutes (und dadurch des gesamten Körpers) von angestauten und giftigen Abfallprodukten.
Die Voraussetzung für die Dialyse ist ein Ausfall der Nierenfunktion. Diese Situation kann vorübergehend sein, z.B. nach einer eingreifenden Operation oder Schädigung durch Gifte oder Medikamente.
Sie kann aber auch dauerhaft bestehen. Die Nierenschwäche tritt langsam, oft über Monate oder sogar Jahre, auf. Der Betroffene hat genug Zeit, sich mit dem Problem auseinanderzusetzen und seine Entscheidung zu treffen. Das muss nicht in der Patientenverfügung besprochen werden.

In die Patientenverfügung gehört der Fall, wenn die Dialyse als eine lebensrettende oder eine lebensverlängernde Behandlung plötzlich notwendig ist. Ein Beispiel: nach einer Operation nehmen die Nieren nur langsam ihre Arbeit auf - zu langsam, um den Körper zu entgiften und die gestaute Flüssigkeit zu entfernen. In solchen Situationen reichen oft eine oder zwei Blutwäschen aus, um die Situation zu beheben. Eine Zustimmung zur Blutwäsche ist hier ratsam.

Sollte aber die Dialyse nur eine unheilbare und fortgeschrittene Krankheit verlängern, dann könnte die Entscheidung anders ausfallen.

Technische Beschreibung der Dialyse:

In zwei Venen wird jeweils eine Kanüle eingeführt. Über die eine wird das Blut entnommen und in der Maschine einem Reinigungsfilter zugeführt, über die Zweite wird das gleiche, gereinigte Blut, wieder dem Körper gegeben.
Das dauert 3 bis 5 Stunden und ist schmerzlos. Allerdings können in der Zeit sog. allgemeine Erscheinungen auftreten wie Kopfschmerzen, Übelkeit und Blutdruckschwankungen.

4g Die Sauerstoffgabe

Es ist üblich, dass den Menschen in kritischen Gesundheitssituationen Sauerstoff zugeführt wird. Das soll die subjektive Luftnot mindern und die inneren Organe, insbesondere das Gehirn und das Herz, besser versorgen.
Der Sauerstoff wird über eine Mundmaske oder einen dünnen Nasenschlauch verabreicht.
Da diese Behandlung keine wesentlich lebensverlängernde, sondern eher lindernde Wirkung hat, muss sie nicht besonders in der Patientenverfügung erwähnt werden. Sie gehört in den Abschnitt, der die Palliativbehandlung betrifft.

Es wäre z.B. nicht nachvollziehbar, wenn eine Wiederbelebung genehmigt würde, die Sauerstoffgabe, die einen Bestandteil der Reanimation ausmacht, aber nicht.

4h Verlegung auf die Intensivstation

Als Intensivstation wird eine besondere Abteilung des Krankenhauses bezeichnet, die besonders gut personell und technisch ausgestattet ist. Dort sind die Kranken, die eine besondere Beobachtung oder eine intensive Behandlung benötigen.

Beispiele:

Menschen mit Herzrhythmusstörungen, nach einem frischen Herzinfarkt, mit sehr hohen Blutdruck oder frischen Zeichen einer Hirndurchblutungsstörung. Die besonderen Behandlungen könnten sein: Wiederbelebung, Beatmung, spezielle medikamentöse Therapie wie Flüssigkeits- und Blutgabe zur Wiederherstellung des Kreislaufs.

Auch nach vielen Operationen wird man auf der Intensivstation zuerst versorgt.

Deswegen gibt es mehrere Intensivstationen wie chirurgische, internistische, neurologische und spezielle z.B. für Verbrennungsopfer.

4i Die Stellungnahme zur Behandlung auf der Intensivstation

Der Mensch, der plötzlich einen Herzinfarkt erlitten hat oder an starker Atemnot leidet, wird es als sehr beruhigend empfinden, sich auf einer Intensivstation zu befinden, wo mehrere Menschen sich um ihn kümmern. In dieser Krankheitsphase wird er auch dort am besten versorgt.

Es gibt aber Krankheiten, die keine Heilungsaussichten zulassen. Wenn es hier zu einer Komplikation oder einer Verschlechterung kommt, könnte die Verlegung auf die Intensivstation das Leiden nur verlängern.

Es ist sicherlich legitim, wenn einer solchen Verlegung widersprochen wird. Natürlich bedeutet das dann nicht den Verzicht auf intensive lindernde Maßnahmen, wie Schmerzbehandlung oder Sauerstoffgabe, die auch auf einer normalen Station stattfinden können.

Merke:
Kaum ein Mensch stirbt auf einer Intensivstation; vielmehr eher abgeschoben in einem Nebenzimmer. Die Betten auf der Intensivstation sind rar, sie werden für andere Menschen mit besseren „Aussichten" benötigt.

Kapitel V

Gefährliche medizinische Maßnahmen

„Die Medizin sollte nicht nur dem Leben Jahre geben, sondern auch den Jahren Leben."

Georg Christoph Lichtenberg, Deutscher Physiker

Gefährliche medizinische Maßnahmen

5a Was versteht man unter gefährlichen medizinischen Maßnahmen?

Es gibt keine eindeutige Definition der „gefährlichen" medizinischen Behandlungen. Die Begründung: die Gefährlichkeit hängt nicht nur von dem Eingriff selbst, sondern – und das in entscheidender Weise – von dem Gesundheitszustand des Kranken ab.

Zu den Gefahren des Eingriffs gehören folgende Risiken:

- das Versterben,
- die dauernde Schädigung,
  wie Lähmung, Verlust eines Sinnes (z.B. der Sehkraft)
  oder Verlust eines Gliedes (Amputation).

Beträgt die Chance der Schädigung mehr als **10%**, dann ist der Eingriff als gefährlich einzustufen.

5b Darf der Bevollmächtigte in gefährliche Eingriffe selbst einwilligen?

Er darf das nur mit Einwilligung des Vormundschaftsgerichts tun. Diese Bestimmung dient nicht nur dem Schutz des Kranken, sondern auch dem des Bevollmächtigten.

Auch der behandelnde Arzt kann vor einem Eingriff das Vormundschaftsgericht einschalten. Er muss aber den Bevollmächtigten darüber unverzüglich informieren.

Merke:
Das Vormundschaftsgericht wird nur bei gefährlichen Eingriffen eingeschaltet.

5c Ist eine Zwangsbehandlung erlaubt?

Eine Zwangsbehandlung ist nur in Ausnahmesituationen notwendig und dann auch möglich. Am häufigsten werden solche Behandlungen stationär, also im Krankenhaus oder in den Pflegeheimen durchgeführt.

Dazu gehören u.a.:

- die Verabreichung der Medikamente bei verwirrten, unruhigen und dadurch selbstgefährdeten Personen,
- die künstliche Ernährung (PEG-Sonde).

Hat aber der jetzt entscheidungsunfähige Mensch bei Zeiten die PEG-Sonde schriftlich abgelehnt, ist die künstliche Ernährung nicht erlaubt und nicht möglich.

Entscheidungsunfähige, psychisch Erkrankte können nach Gerichtsbeschluss auch zwangsweise in ein Krankenhaus eingewiesen werden.

Kapitel VI

Palliativmedizin

*„Sobald man sich dem Tod stellt,
stellt man sich auch dem Leben."*

Paulo Coelho, Brasilianischer Schriftsteller

6a Palliativmedizin

Die Begrenzung unserer Lebenszeit wird besonders stark zur Zeit der Bedrohung durch eine schwere Krankheit wahrgenommen. Damit unsere letzten Lebenstage und -wochen erträglich und sogar lebenswert bleiben, gibt es die **Palliativmedizin**.

Pallium (lat.) heißt Mantel. Wie ein Mantel sollen die medizinischen Möglichkeiten den Menschen schützen!

Diese besondere medizinische Ausrichtung hat nicht die Heilung zum Ziel, sondern die Erhaltung der Lebensqualität. Darunter versteht man nicht nur eine gute und qualifizierte Pflege, sondern auch eine medizinische Behandlung. Dazu gehören z.B. Schmerz- und Schlafmittel, Ausschaltung der Schmerzen durch örtlich betäubende Spritzen oder durch eine gezielte Bestrahlung.

Es ist wichtig, dass in der Patientenverfügung der Wunsch nach einer qualifizierten Palliativbehandlung deutlich formuliert wird.

Merke:

Das Recht des Kranken auf eine Palliativmedizin wird noch nicht überall umgesetzt. Es kann und soll aber gefordert werden.

6b Welche Einrichtungen der Palliativmedizin gibt es?

Außerhalb des Krankenhauses im ambulanten Bereich gibt es den **Hospizdienst**. Er wird durch ehrenamtlich tätige Helfer gewährleistet. Sie begleiten nicht nur den Schwerkranken selbst, sondern auch seine Angehörigen – auch über den Tod des Kranken hinaus. Sie erfüllen dabei keine pflegerischen oder medizinischen Dienste – das ist die Aufgabe der Pfleger und der Krankenschwestern (sog. palliative Pflege) sowie des Hausarztes (sog. palliative Therapie).

Ist die Betreuung zu Hause nicht möglich, erfolgt sie stationär, am meisten als Verlängerung des Krankenhausaufenthaltes auf der **Palliativstation**.

Eine besondere Aufgabe haben sog. **Brückenschwestern**. Sie organisieren den Übergang des Kranken vom Krankenhaus in seine häusliche Umgebung. Sie koordinieren auch die Arbeit der Pflegenden und der Therapeuten.

Merke:
Palliativmedizin bedeutet Teilnahme am Leid durch menschliche Zuwendung. Je weniger Palliativangebote es gibt, desto lauter ist der Ruf nach Euthanasie.

Kapitel VII

Sterbehilfe

„Im Sterben sind wir alle
Meister und Lehrjungen."

Sprichwort

7a Die juristische Definition der Sterbehilfe

Wenn die Erkrankung
- irreversibel (nicht umkehrbar) ist,
- ein tödlicher Verlauf angenommen werden kann
- Tod in kurzer Zeit zu erwarten ist,

dann gestattet die Rechtsordnung (Sozialgesetzbuch Fünftes Buch) lebensverlängernde Maßnahmen zu unterlassen oder nicht fortzuführen. Unter Juristen ist strittig, ob dabei die unmittelbare Todesnähe vorliegen muss.

Unter Sterbehilfe versteht man zwei Begriffe: Hilfe für den Sterbenden und Hilfe beim Sterben.

7b Formen der Sterbehilfe

Indirekte Sterbehilfe: Behandlung der Beschwerden des Kranken, z.B. der Schmerzen mit starken Schmerzmitteln, auch wenn dadurch möglicherweise eine (nicht beabsichtigte) Lebensverkürzung stattfindet.

Passive Sterbehilfe: Unterlassen oder Abbruch der lebenserhaltenden Maßnahmen wie Infusions- oder Sauerstoffgabe. Dadurch kann der Sterbeprozess beschleunigt werden.

Aktive Sterbehilfe: Lebensverkürzung durch aktive Einleitung oder Beschleunigung des Sterbens.

physician assisted suicide: Freitod des Kranken unter Mithilfe des Arztes. Besonders in den USA praktizierte Methode. Die Grenzziehung zwischen den oben genannten Sterbehilfe-Formen ist dabei schwierig.

7c Sterbehilfe – was ist erlaubt?

Die **indirekte und passive Sterbehilfe** ist in Deutschland zwar erlaubt, aber nur mit Zustimmung des Erkrankten. Dabei bezieht man sich auf seine eigenen Wünsche, den Inhalt der Patientenverfügung und die Stellungnahme des Bevollmächtigten. Jegliche Handlung gegen den Willen des Patienten ist strafbar! Werden dem Kranken Schmerzmittel gegen seinen Willen verabreicht, ist das ein Strafbestand.
Entgegen der Allgemeinmeinung ist das Abstellen der Beatmungsmaschine auf ausdrücklichen Wunsch des zurechnungsfähigen Kranken keine aktive, sondern erlaubte passive Sterbehilfe und in Deutschland erlaubt!
Die Palliativmedizin kann heute auch solche Menschen vor Erstickungsgefühlen, Durstgefühl und Schmerzen schützen. Das kann man mit Recht als ärztliche Kunst bezeichnen. Immer mehr Mediziner lassen sich auf diesem Gebiet ausbilden.
Die direkte aktive Sterbehilfe ist in Deutschland verboten und strafbar. Die Ausführenden (z.B. der Arzt oder der Pflegende) können wegen Mordes oder wegen Tötung auf Verlangen verurteilt werden. Bei der aktiven Sterbehilfe stirbt der Mensch nicht an seiner Krankheit, sondern aufgrund der Tötung.

Merke:
Wenn in der Patientenverfügung die (in Deutschland nicht erlaubte) Euthanasie gefordert wird, stellt der rechtswidrige Wunsch die ganze Patientenverfügung in Frage!

Kapitel VIII

Schmerzbehandlung

Eine Stunde hat 60 Minuten.
Wie lange dauert sie wirklich?

8a Problemfall – die Schmerzbehandlung

Die Linderung der starken Schmerzen ist für den Kranken eine Wohltat. Allerdings bergen Schmerzmittel, besonders hoch dosiert, die Gefahr der Schwächung der notwendigen Körperfunktion wie der Atmung oder des Kreislaufs. Dadurch kann der Tod beschleunigt werden. Ist das Behandlungsziel, die Beschwerden zu lindern und nicht den Tod herbeizuführen, handelt es sich hier um eine erlaubte indirekte aktive Sterbehilfe. Manche Ärzte neigen dazu, die Schmerzmittel eher niedrig zu dosieren, um dem Vorwurf der Sterbehilfe zu entgehen. Deswegen ist es sehr wichtig, dass in der Patientenverfügung der Wunsch nach einer ausreichenden und wirksamen Schmerztherapie geäußert wird, auch unter Inkaufnahme der Lebensverkürzung.

8b Terminale Sedierung

Unter Sedierung versteht man die Verabreichung von Beruhigungsmitteln in solcher Dosis, dass eine Verminderung oder sogar ein Verlust des Wachzustandes des Kranken eintritt. Dadurch möchte man die Linderung der Angst und der starken Schmerzen erreichen. Die Beruhigungsmittel werden oft dabei mit Schmerzmitteln kombiniert. Da eine solche Behandlung meistens in der Sterbephase stattfindet, spricht man auch von palliativer Sedierung. Das Besondere daran ist, dass der Mensch nicht dauerhaft sediert (beruhigt) wird, sondern er immer wieder das Bewusstsein erlangen kann um eventuell entscheiden zu können, ob er weiterhin eine solche Behandlung wünscht. Die Sedierung nimmt ihm nämlich die Möglichkeit, sein Sterben bewusst wahrzunehmen und damit auch die Fähigkeit, sich z.B. von seinen Angehörigen zu verabschieden. Deswegen ist es ratsam in der Patientenverfügung, die Stellungnahme zur terminalen Sedierung abzugeben.

Kapitel IX

Patientenverfügung in anderen Ländern

Zwischen Geburt und Tod –
Mensch werden.

9 Patientenverfügung in anderen Ländern

Keine entsprechende Regelung gibt es in England, Österreich, Polen, Schweden und Norwegen. In Spanien wird gesetzlich eine Patientenverfügung gefordert, trotzdem hat noch nicht 1% der Bevölkerung eine solche Verfügung erstellt.

Holland:

Die Sterbehilfeanwendung findet in Holland seit 1973 statt, die gesetzliche Regelung im Strafgesetzbuch wurde aber erst im Jahre 2001 eingeführt. Falls ein Kranker Sterbehilfe wünscht, muss der zuständige Arzt das an ein regionales Sterbehilfebüro melden und einen weiteren Arzt einschalten. Das Problem besteht darin, dass über die Hälfte der Sterbehilfewünsche von Ärzten nicht weitergemeldet werden, so dass eine rechtliche Steuerung der Sterbehilfe immer lückenhafter wird. Die Zahl der registrierten Euthanasie-Toten betrug 2054 im Jahre 2001 und im Jahre 2002 1882 (ca. 2% aller Sterbefälle). Zurzeit wird in diesem Land über die Zulassung der Selbstmordpille diskutiert. Das soll dem Betroffenen die Ausübung der Euthanasie „erleichtern".
In Holland sind viele Ärzte eher für Sterbehilfe als für Sterbebegleitung und Schmerzbehandlung.

Belgien:

Im Jahre 2002 wurde in Belgien ein noch weiterreichendes Gesetz zur aktiven Sterbehilfe als in Holland verabschiedet. Es erlaubt Sterbehilfe bei unheilbar Kranken schon dann, wenn sie sich noch nicht direkt in der Sterbephase befinden. Auch dauerhaft psychisch kranke Menschen dürfen die Euthanasie verlangen. Die Anträge auf Euthanasie bearbeitet eine 16-köpfige Sterbehilfekommission, die aus verschiedenen Fachkräften zusammengesetzt ist. Zwischen dem Wunsch nach Sterbehilfe und der ausgeführten Euthanasie müssen mindestens vier Wochen liegen.

Frankreich:

Das Recht auf palliative Versorgung besteht in Frankreich seit 1999. Die Arbeitgeber sind verpflichtet, die Mitarbeiter, die ihre Familienangehörige palliativ versorgen, für maximal drei Monate freizustellen. Eine solche Arbeitsstelle darf nur befristet besetzt werden. Das Recht auf Euthanasie besteht in Frankreich nicht.

USA:

Die Patientenverfügung wurde in den USA im Jahre 1967 eingeführt. Seit 15 Jahren sagt das Gesetz (Patient self-determination-act), dass den Patienten, die der Krankenversicherung „Medicare" angehören, bei der Aufnahme im Krankenhaus eine Patientenverfügung ausgehändigt werden muss. Trotzdem erstellen aus eigenem Entschluss nur wenige Bürger eine solche Verfügung. Es wird wie in Deutschland gefordert, dass ein Bevollmächtigter benannt wird. Die Anforderungen an eine solche Person sind ähnlich wie in Deutschland.

Kapitel X

Patientenverfügungen – Beispiele

Wer sich nicht mehr vor dem Tod fürchtet,
hat plötzlich Zeit für das Leben.

Version 1

Wunsch nach maximaler Behandlung; Ablehnung der Organspende

Patientenverfügung und Organspendeerklärung:

- Wunsch nach umfassender Aufklärung (1)
- Verlangen nach maximaler Behandlung (2)
- Zustimmung zur Reanimation (3)
- Einwilligung in gefährliche medizinische Maßnahmen (4)
- Erlaubnis der künstlichen Ernährung (5)
- Zustimmung zur Dialyse (6)
- Wunsch nach Schmerzbehandlung (7)
- Ablehnung der Organtransplantation (8)

Vorsorgevollmacht
Betreuungsverfügung
Schlussbemerkung.

Kombinierte Patientenverfügung

(Patientenverfügung, Vorsorgevollmacht, Betreuungsverfügung, Organspendeerklärung)

Persönliche Daten:

Name: ______________________________

Geboren am: ______________________________

Anschrift: ______________________________

Tel., Fax, E-Mail: ______________________________

Patientenverfügung und Organspendeerklärung:

Ich wünsche, dass die unten genannten Bestimmungen im Zusammenhang mit einer notwendigen Heilbehandlung unbedingt beachtet werden. Das gilt insbesondere für den Fall meiner zeitweiligen oder dauerhaften Entscheidungsunfähigkeit.

(1) Ich möchte, dass mich die behandelnden Ärzte genau und vollständig über meinen gesundheitlichen Zustand aufklären, solange ich in der Lage bin, das zu verstehen.

(2) Ich erwarte eine umfassende und weit reichende Behandlung unter Ausschöpfung aller Möglichkeiten zur Heilung der Krankheit, um jede Chance auf die Erhaltung meines Lebens zu bewahren. Diese Zustimmung gilt auch falls ich mich im fortgeschrittenen Alter befinde.

(3) Ich stimme einer Wiederbelebung auch dann zu, wenn nur geringe Aussichten auf ein gesundes Weiterleben bestehen.

(4) Notwendige Heilbehandlungen, auch wenn sie als gefährlich eingestuft werden, dürfen vorgenommen werden. Der Begriff „gefährliche Maßnahmen" ist mir bekannt und mir verständlich.

(5) Falls medizinisch notwendig und für mein weiteres Leben wichtig, stimme ich der künstlichen Ernährung zu. In solchem Fall erlaube ich auch die Anwendung der PEG-Sonde.

(6) Auch in eine notwendige Blutwäsche (Dialyse) willige ich ein.

(7) Ich fordere die Ärzte auf, bei mir eine wirksame Schmerztherapie anzuwenden. Auch Zustände wie Atemnot, Angst, Unruhe und Schlaflosigkeit sollen intensiv behandelt werden. Dabei erlaube ich, falls erforderlich, die Anwendung von starken betäubenden Mitteln, auch wenn das zu einer unbeaufsichtigten Verkürzung meines Lebens führen könnte.

(8) Für den Fall, dass ich nach meinem Tode als Organ- oder Gewebespender in Frage komme, erkläre ich, dass **ich eine solche Spende grundsätzlich ablehne.**

Vorsorgevollmacht:
Für den Fall, dass ich meine Gesundheitsangelegenheiten ganz oder nur teilweise nicht mehr regeln kann, benenne ich unter Bezugnahme auf § 1896 II 2 BGB

(Name, Vorname, Geburtsdatum) (Anschrift, Tel., Fax, E-Mail)

zu meinem Bevollmächtigten. Von ihm erwarte ich, dass er sich nach meinen schriftlichen Verfügungen richtet. Die Vollmacht ist nur dann wirksam, wenn der Bevollmächtigte diese Urkunde im Original vorlegt.

Ihm gegenüber entbinde ich die Ärzte von der Schweigepflicht. Ich verlange, dass er umfassend über meinen Gesundheitszustand informiert wird. Ihm dürfen die Krankenunterlagen ausgehändigt werden und er darf sie zur Einholung der Zweitmeinung bezüglich der Behandlung an Dritte weitergeben. Er darf auch in die gefährlichen medizinischen Maßnahmen einwilligen. Einen Abbruch der lebenserhaltenden Maßnahmen darf er nur mit Zustimmung des Vormundschaftsgerichts veranlassen. Für seine Bemühungen steht ihm eine Aufwandsentschädigung zu.

Die Vollmacht und das ihr zugrunde liegende Auftragsverhältnis bleiben in Kraft, wenn ich nicht mehr lebe.

Für den Fall, dass mein Bevollmächtigter selbst verhindert oder nicht mehr willens ist, mich zu vertreten, erteile ich an seiner Stelle eine inhaltsgleiche Vollmacht an:

____

(Name, Vorname, Geburtsdatum) (Anschrift, Tel., Fax, E-Mail)

Betreuungsverfügung:
Sollte es notwendig sein, dass für mich eine gesetzliche Betreuung eingerichtet werden muss, so wünsche ich, dass

(*)
____

(Name, Vorname, Geburtsdatum) (Anschrift, Tel., Fax, E-Mail)

als gesetzlicher Vertreter für mich bestellt wird.

Ich berechtige ihn:

- mich bei den Behörden und Gerichten zu vertreten,
- meine Aufenthalt und Wohnungsangelegenheiten zu regeln, auch wenn das mit Einschränkung meiner Freiheit verbunden wäre,
- die Besorgung meiner Vermögensangelegenheiten zu tätigen (Postsendungen öffnen, die Versicherungen abschließen und kündigen, über meine Konten und Depots verfügen, die Rechnungen für meine Behandlung und Unterbringung bezahlen und die Verträge abschließen).

Diese Betreuungsvollmacht soll über den Tod hinaus bis zum Widerruf durch die Erben gelten.

Andere Möglichkeit - der Bevollmächtigte soll auch der Betreuer werden:

Sollte es notwendig sein, dass für mich eine gesetzliche Betreuung eingerichtet werden muss, so wünsche ich, dass mein Bevollmächtigter

______________________ (Anschrift wie (*))

(Name)

zu meinem Betreuer bestellt wird.

Schlussbemerkung:

Diese schriftliche Patientenverfügung ist Ausdruck meines Selbstbestimmungsrechtes. Ich unterschreibe sie nach sorgfältiger Überlegung. Ich erlaube nicht, dass mir in einer akuten Situation eine Änderung meines hier bekundeten Willens unterstellt wird. Sollte ich meine Meinung ändern, werde ich dafür sorgen, dass mein geänderter Wille zum Ausdruck kommt.

____________________ Ort, den ____________________

(Name, Vorname)

Aktualisierung:

Ich bestätige, dass diese o.g. Vollmacht weiter uneingeschränkt gilt.

____________________ Ort, den ____________________

(Name, Vorname, Geburtsdatum)

Bemerkung:

die *Kursiv* ausgeführten Texte sollten nach Möglichkeit handschriftlich verfasst werden.

Version 2

Wunsch nach situationsadaptierter Behandlung; Teilzustimmung zur Organspende.

Patientenverfügung und Organspendeerklärung:

- Wunsch nach umfassender Aufklärung (1)
- Wunsch nach situationsadaptierten Behandlung
- bedingte Zustimmung zur Reanimation
- Einschränkung der gefährlichen medizinischen Maßnahmen
- künstliche Ernährung nur unter bestimmten Bedingungen
- Zustimmung zur Dialyse (6)
- Wunsch nach Schmerzbehandlung
- eingeschränkte Akzeptanz der Organtransplantation

Vorsorgevollmacht
Betreuungsverfügung
Schlussbemerkung.

Kombinierte Patientenverfügung

(Patientenverfügung, Vorsorgevollmacht, Betreuungsverfügung, Organspendeerklärung)

Persönliche Daten:

Name: ______________________________

Geboren am: ______________________________

Anschrift: ______________________________

Tel., Fax, E-Mail: ______________________________

Patientenverfügung und Organspendeerklärung:

Ich wünsche, dass die unten genannten Bestimmungen im Zusammenhang mit einer notwendigen Heilbehandlung unbedingt beachtet werden. Das gilt insbesondere für den Fall meiner zeitweiligen oder dauerhaften Entscheidungsunfähigkeit.

(1) Ich möchte, dass mich die behandelnden Ärzte genau und vollständig über meinen gesundheitlichen Zustand aufklären, solange ich in der Lage bin, das zu verstehen.

(2) Ich wünsche eine weit reichende Behandlung zur Heilung meiner Krankheit. Diese Zustimmung gilt nur für die Maßnahmen, die mir eine Chance der Heilung oder würdigen Weiterlebens geben können. Falls ich mich bereits im Sterbeprozeß befinde, sollen intensivmedizinische Behandlungen eingeschränkt und auf die Linderung der Beschwerden beschränkt werden. In die Behandlungsentscheidung soll mein Alter einfließen und damit resultierende Lebenserwartung.

(3) Ich stimme einer Wiederbelebung nur dann zu, wenn ausreichende Aussichten auf ein gesundes Weiterleben bestehen.

(4) Die als gefährlich eingestuften Heilbehandlungen dürfen nur bei reellen Heilungs- oder Besserungsaussichten vorgenommen werden. Der Begriff „gefährliche Maßnahmen" ist mir bekannt und mir verständlich.

(5) Eine künstliche Ernährung, insbesondere über die PEG-Sonde erlaube ich nur als eine vorübergehende Maßnahme, um einen Heilungserfolg zu sichern. Dasselbe betrifft auch die Flüssigkeitsgabe. Falls bei mir eine dauerhafte Hirnschädigung mit Bewusstlosigkeit eintritt, darf eine künstliche Ernährung nicht vorgenommen werden.

(6) Die Blutwäsche (Dialyse) darf nur als zeitlich begrenzte Behandlung stattfinden. Dadurch soll insbesondere mein Sterbeprozeß nicht verlängert werden. Eine bereits bestehende Dialyse soll spätestens dann beendet werden.

(7) Ich fordere die Ärzte auf, bei mir eine wirksame Schmerztherapie anzuwenden. Auch Zustände wie Atemnot, Angst, Unruhe und Schlaflosigkeit sollen intensiv behandelt werden. Diese Forderung gilt ausdrücklich auch dann, falls es damit zu einer unabsichtlichen Verkürzung meines Lebens kommen würde.

(8) Für den Fall, dass ich nach meinem Tode als Organ- oder Gewebespender in Frage komme, erkläre ich, dass nur folgende Organe zur Transplantation entnommen werden dürfen:

- Nieren
- Leber
- ....

Die Entnahme von weiteren Organen und Gewebe untersage ich.

Vorsorgevollmacht: wie zuvor.

Betreuungsverfügung: wie zuvor.

Schlussbemerkung:

Diese schriftliche Patientenverfügung ist Ausdruck meines Selbstbestimmungsrechtes. Ich unterschreibe sie nach sorgfältiger Überlegung. Ich erlaube nicht, dass mir in einer akuten Situation eine Änderung meines hier bekundeten Willens unterstellt wird. Sollte ich meine Meinung ändern, werde ich dafür sorgen, dass mein geänderter Wille zum Ausdruck kommt.

______________________ Ort, den ______________________

(Name, Vorname)

Aktualisierung: wie zuvor.

Version 3

Ablehnung der Intensivmedizin und der lebensverlängernden Maßnahmen, Stellungsnahme zur Organspende.

Patientenverfügung und Organspendeerklärung:

- Wunsch nach umfassender Aufklärung (1)
- Ablehnung der Intensivmedizin (2)
- Ablehnung der Reanimation (3)
- Untersagung gefährlicher medizinischer Maßnahmen (4)
- keine künstliche Ernährung (5)
- Stellungnahme zur Dialyse (6)
- Begrenzung der Schmerzbehandlung (7)
- Stellungnahme zur Organtransplantation (8)

Vorsorgevollmacht
Betreuungsverfügung
Schlussbemerkung.

Kombinierte Patientenverfügung
(Patientenverfügung, Vorsorgevollmacht, Betreuungsverfügung, Organspendeerklärung)

Persönliche Daten:

Name: ______________________________

Geboren am: ______________________________

Anschrift: ______________________________

Tel., Fax, E-Mail: ______________________________

Patientenverfügung und Organspendeerklärung:
Ich wünsche, dass die unten genannten Bestimmungen im Zusammenhang mit einer notwendigen Heilbehandlung unbedingt beachtet werden. Das gilt insbesondere für den Fall meiner zeitweiligen oder dauerhaften Entscheidungsunfähigkeit.

(1) Ich möchte, dass mich die behandelnden Ärzte genau und vollständig über meinen gesundheitlichen Zustand aufklären, solange ich in der Lage bin, das zu verstehen.

(2) Intensivmedizinische Maßnahmen sind nur dann erlaubt, wenn dadurch echte Chancen auf eine Gesundung und ein würdiges und bewusstes Leben bestehen.
Im Zweifel gilt die Entscheidung meines Bevollmächtigten, der in meinem Sinne entscheiden wird.

(3) Eine Reanimation lehne ich grundsätzlich und entschieden ab. Ich sehe sie als einen unerlaubten Eingriff in die göttliche Bestimmung.

(4) Die als gefährlich eingestuften Heilbehandlungen dürfen nur bei wirklichen Heilungs- oder Besserungsaussichten vorgenommen werden. Der Begriff „gefährliche Maßnahmen" ist mir bekannt und mir verständlich.

(5) Eine künstliche Ernährung erlaube ich nur als eine vorübergehende Maßnahme, um einen Heilungserfolg zu sichern. Dasselbe betrifft auch die Flüssigkeitsgabe. Das Anlegen einer PEG-Sonde lehne ich grundsätzlich ab.

(6) Ich stimme einer Blutwäsche (Dialyse) nicht zu. Nur ausnahmsweise, als überbrückende Maßnahme, darf sie durchgeführt werden. Dabei sollen die Ärzte strikt an die Weisungen meines Bevollmächtigten gebunden sein. Eine Dauerdialyse darf nicht stattfinden.

(7) Ich wünsche eine ausreichende Schmerztherapie. Da ich aber meinen Sterbeprozess als Gott gewollt erleben möchte, soll die Schmerzbehandlung mein Bewusstsein nicht stark beeinträchtigen und das Leben nicht künstlich verkürzen.

(8) Ich bin mit der Organspende grundsätzlich einverstanden. Würde es aber wirklich dazu kommen, muss mein Bevollmächtigter nochmals befragt werden. Er wird dann eine Entscheidung in meinem Interesse treffen.

Vorsorgevollmacht: wie zuvor.

Betreuungsverfügung: wie zuvor.

Schlussbemerkung:

Diese schriftliche Patientenverfügung ist Ausdruck meines Selbstbestimmungsrechtes. Ich unterschreibe sie nach sorgfältiger Überlegung. Ich erlaube nicht, dass mir in einer akuten Situation eine Änderung meines hier bekundeten Willens unterstellt wird. Sollte ich meine Meinung ändern, werde ich dafür sorgen, dass mein geänderter Wille zum Ausdruck kommt.

______________________ Ort, den ______________________

(Name, Vorname)

Aktualisierung: wie zuvor.

Kapitel XI

Schlussbemerkungen

*„Das Leben ist nicht ein Problem,
das gelöst, sondern ein Geheimnis,
das gelebt werden muss."*

Thomas Merton

Schlussbemerkungen

1. Leben ist mehr als Füttern, Wickeln und Waschen („satt und sauber").

2. Ärzte stehen unter Eid und unterliegen der Verpflichtung, lebenserhaltende Maßnahmen einzuleiten.

3. Vorsorgevollmachten erleichtern die Arbeit der Ärzte und der Pflegenden, aber die insgesamt 140 verschiedenen Varianten sind rechtlich noch nicht optimal.

4. Bei Vorsorgevollmachten sollten über Jahre hinweg immer wieder schriftliche Bestätigungen erfolgen.

5. Die Wünsche sollen genau formuliert werden, z.B. „keine Versorgung durch PEG-Sonden". Allein der Satz „Keine künstliche Nahrungszufuhr erwünscht" reicht nicht aus.

6. Politik ist zwar offiziell gegen Euthanasie, anderseits steuert sie auf eine „gnadenlose Ökonomisierung des Gesundheitswesens".

7. Man entscheidet sich im gesunden Zustand gegen Hilfe oder Behandlung. Während der Krankheit fühlt man sich dennoch eher bereit das anzunehmen, was man noch zuvor verneint hatte.

Kapitel XII

Glossar

Ärztliche Indikation:
Urteil des Arztes oder der Ärzte, ob eine bestimmte Behandlung notwendig ist.

Demenz:
Hochgradige Störung des Gedächtnisses, des Denkens und der Wahrnehmung, die zur Veränderung der Persönlichkeit führt. Die häufigste Ursache ist die Alzheimer-Krankheit bei Erwachsenen.

Infauste Prognose:
Die Bundesärztekammer definiert damit Kranke, die sich noch nicht im Sterbeprozess befinden, bei denen aber aufgrund der Krankheitsentwicklung in absehbarer Zeit mit dem Tod zu rechnen ist.

Informed consent:
Die Entscheidung des Kranken bezüglich einer Behandlung (Einwilligung oder Ablehnung) hat nur dann rechtlich Bestand, wenn der Patient ausreichend über die Behandlung, das Ziel der Behandlung, die Chancen, die Risiken, aber auch die möglichen Alternativen aufgeklärt wurde.

Mutmaßlicher Wille:
Ermittlung der wahrscheinlichen Entscheidung des Erkrankten, der bereits einwilligungsunfähig ist. Die Patientenverfügung stellt dabei die entscheidende Hilfe dar.

PEG-Sonde:
BeiErkrankten,dienichtmehrschluckenkönnen,wirdentwedereine Ernährungssonde (Schlauch) durch die Nase, den Rachen und die Speiseröhre in den Magen gelegt. Da dies unangenehm ist, wird eine so genannte PEG-Sonde gelegt, d.h. ein direkter Weg durch die Bauchwand in den Magen. Vor 25 Jahren wurde diese Methode zuerst in den USA angewendet. In Deutschland ist sie seit 1984 bekannt. Pro Jahr werden bei ca. 120 000 Menschen PEG-Sonden gelegt.

Sterbephasen:
a) Terminale Phase – der Erkrankte befindet sich im Sterbeprozeß, mit dem Ableben ist in den kommenden Tagen oder Wochen zu rechnen.
b) Finale Phase – der Tod wird in den kommenden Stunden bis zu einem Tag erwartet.

Wachkoma:
Ein anderer Begriff ist **appalisches Syndrom**. Dabei befindet sich der Erkrankte in einem schlafähnlichen Zustand. Seine Großhirnrinde, die für das Bewusstsein zuständig ist, funktioniert nicht. Die Grundfunktionen des Körpers, wie Atmung, Herz- und Kreislauffunktion, als automatische Vorgänge bleiben erhalten. Im Wachkoma kann der Mensch Monate bis Jahre verbringen. Es wird derzeit diskutiert, ob ein solcher Mensch in der Tat bewusstlos ist, oder doch bewusst die Umgebung wahrnimmt, während er die Fähigkeit zur Kommunikation mit den anderen jedoch verloren hat.

Kapitel XIII

Adressen und Literatur

Information vor Ort

Falls Fragen bezüglich Palliativmedizin, Hospizdienste oder der Patientenverfügung bestehen, ist es ratsam sich an den Sozialen Dienst im nächstgelegenen Krankenhaus zu wenden. Dort bekommt man Informationen über entsprechende Einrichtungen. Dort werden Ihnen auch Mediziner genannt, die sich auf Palliativmedizin oder Schmerztherapie spezialisiert haben. Auch der Hausarzt kann hier behilflich sein.
Fragen bezüglich der Schmerzbehandlung können auch an Arztpraxen für Schmerztherapie oder an Schmerzambulanzen gerichtet werden.

Internet

Wenn man im Internet unter dem Stichwort „Palliativmedizin" sucht, bekommt man eine Fülle von Adressen. Die Qualität dieser Einrichtungen, deren Ziele und Einstellung zu Leben und Tod sind schwer zu erkennen.

Die unten genannte Auswahl bedeutet keine Wertung.
Sie ist nur exemplarisch:

Bundesarbeitsgemeinschaft Hospiz e. V.
Aachener Straße 5 · 10713 Berlin
Tel. 030 83223893 · Fax 030 83223950
Mail: bag.hospiz@hospiz.net · Web: www.hospiz.net

Deutsche Gesellschaft für Palliativmedizin e.V.
Von-Hompesch-Str. 1 · 53123 Bonn
Tel. 01805 221401 · Mail: dgp.bonn@malteser.de
Web: www.dgpalliativmedizin.de

Eigenes Leben – Hilfen für Kinder mit Schmerzen oder lebensverkürzenden Erkrankungen e.V.
Wilma Henkel, Leiterin der Geschäftsstelle
c/o Vestische Kinderklinik Datteln
Dr.-Friedrich-Steuner-Str. 5 · 45711 Datteln
Tel. 02363 975-180 · Fax: 02363 64211
Mail: eigenes-leben@web.de · Web: www.eigenes-leben-ev.de

Deutsche Krebshilfe e.V.
Buschstr. 32 · 53113 Bonn
Tel. 0228 729900 · Fax: 0228 7299011
Mail: deutsche@krebshilfe.de · Web: www.krebshilfe.de

Göttinger Akademie für Ethik in der Medizin e.V. (AEM)
Humboldtallee 36 · 37073 Göttingen
Tel. 0551 39-9680 · Fax 0551 39-3996
Web: www.aem-online.de

Bücher

Auch hier ist die Liste der Publikationen sehr lang.
Hier einige wenige Beispiele:

Betreuungsrecht und Patientenverfügungen im ärztlichen Alltag
E. Bühler, R. Kern und K. Stolz · Urban & Vogel 2006
ISBN 3-89935-209-2

Die Patientenverfügung
T. Klie und J.-C. Student · Herder 2001
ISBN 3-451-05044-7

Casebook Patientenverfügung
Stephan Rixen und Siegfried Reinecke · Springer Verlag 2004
ISBN 3-540-20435-0

Patientenverfügung und andere Vorsorgemöglichkeiten
Jan Bittler · Walhalla Fachverlag 2002
ISBN 3-8029-3774-0

Selbstbestimmung am Lebensende
Petra Vetter · Richard Boorberg Verlag 2005
ISBN 3-415-03564-6

Der Autor · Josef Wzatek

Josef Wzatek, Jahrgang 1953, ist Facharzt für Innere Medizin und seit 12 Jahren in eigener Fachpraxis in Osthessen niedergelassen. Im Praxisalltag wird er mit vielen Fragen der Patienten konfrontiert. Aus dem Bedürfnis der Menschen nach Absicherung in dem letzten Abschnitt des Lebens, enstand eine Vortragsreihe zu dem Thema „Patientenverfügung". Die meisten Fragen der Teilnehmer wurden aufgegriffen und hier besprochen. Der Leser sollte am Ende dieses Buches im Stande sein, eine eigene Patientenverfügung zu erstellen. Wie in den früheren Publikationen des Autors, wurde auch hier bewusst auf den medizinischen Fachjargon verzichtet.